AF356673

Nouvelle Notation Musicale

dans laquelle on n'emploie que des signes connus

par

P. Delaruelle et L. Cossart

Son excessive simplicité et sa régularité remarquable
lui assurent une immense supériorité sur tous les
Systèmes nouveaux qui ont paru jusqu'à ce jour

COURS GRATUIT DE SOLFÉGE ET DE CHANT.

selon la nouvelle notation

Trois fois la semaine de 8 à 9 heures du Soir

à l'Institution Cossart rue de l'Abbaye, 35, à Montmartre

par

Mr DELARUELLE,

Maître de Chapelle et Organiste de l'Église de Montmartre

Leçons Particulières de Solfége de Chant et de Piano

PRIX NET 1 fr

Propriété des Auteurs   Déposé

Paris, chez E.GIROD, Editeur, | Montmartre, chez les AUTEURS,
Boulevard Montmartre, 16. | Rue de l'Abbaye, 36 et 35.

Nouvelle Notation Musicale

Dans laquelle on n'emploie que des signes connus

par

P. Delaruelle et L. Cossart

Son excessive simplicité et sa régularité remarquable
lui assurent une immense supériorité sur tous les
systèmes nouveaux qui ont paru jusqu'à ce jour

COURS GRATUIT DE SOLFÈGE ET DE CHANT

selon la nouvelle notation

Trois fois la semaine de 8 à 9 heures du soir
à l'institution Cossart, rue de l'Abbaye, 35, à Montmartre

par

Mr DELARUELLE,

Maître de chapelle et Organiste de l'Église de Montmartre

Leçons particulières de Solfège, de Chant et de Piano

PRIX NET 1f

Propriété ... Déposé

Paris chez E. GIROD, Éditeur,   Montmartre chez ... HUTERS
Boulevard Montmartre, 16   Rue de l'Abbaye ...

1857

NOUVELLE NOTATION MUSICALE.

LETTRES-CHIFFRES.

Par

P. DELARUELLE et L. COSSART.

FIGURES DES NOTES.

Les notes sont représentées par les initiales de leurs noms.

Ainsi on a : D, R, M, F, S, L, $\mathcal{S}$.

Signifiant Do, Ré, Mi, Fa, Sol, La, Si.

On remarquera que l'$\mathcal{S}$ représentant le <u>Si</u> est barrée obli-
quement pour la distinguer de l'S représentant le <u>Sol</u>.

VALEUR DES NOTES.

La valeur des notes, ou durée de leur son, est représentée
par les nombres et les fractions qui suivent :

$$4, \quad 3, \quad 2, \quad 1 \quad \left\{ \begin{array}{cccc} \frac{1}{2} & \frac{1}{4} & \frac{1}{8} & \frac{1}{16} \\[2ex] \frac{1}{3} & \frac{1}{6} & \frac{1}{12} & \frac{1}{24} \end{array} \right.$$

Le temps est pris pour unité dans la valeur numérique de
la note. Dans trois mesures, le temps se divise en $\frac{1}{2}, \frac{1}{4}, \frac{1}{8}, \frac{1}{16}$;
et dans trois autres mesures, il se divise en $\frac{1}{3}, \frac{1}{6}, \frac{1}{12}, \frac{1}{24}$.

Ainsi la note marquée $\frac{1}{2}$ vaut un demi-temps, la note marquée $\frac{1}{3}$ vaut un tiers de temps, etc, etc.

SILENCES.

Les silences, exprimant des durées identiques à celles des notes, sont représentés par les mêmes chiffres; seulement pour les distinguer, ces chiffres silences se trouvent isolés.

PLUS DE NOTES POINTÉES
NI DE TRIOLETS, NI DE SEXTOLET.

Pour augmenter une note de la moitié de sa valeur, il suffit de l'indiquer par un chiffre augmenté de cette moitié.

Ex: D_2 devant être augmenté de la moitié de sa valeur; on le chiffrera D_3; $D_{\frac{1}{2}}$ se chiffrera $D_{\frac{3}{4}}$.

Suppression des Triolets et des Sextolets remplacés par le même nombre de notes chiffrées, formant collectivement l'équi_valent du Triolet ou du Sextolet.

REGLES SUIVIES POUR CHIFFRER LES NOTES.

1º La valeur de chaque note est écrite généralement au des_sous de la note, quelquefois au dessus. Ex: D_2 ou D^2.

2º Quand plusieurs notes ou silences concourent à former un temps (leurs valeurs sont alors nécessairement fractionnaires), on souligne les numérateurs, et l'on n'écrit qu'une fois au dessous le dénominateur commun, pour en éviter la répétition.

Ainsi au lieu de ♪ ♪ ♪ on écrira ♪ ♪ ♪

3° Quand plusieurs notes ou silences concourent à former un temps, leurs valeurs fractionnaires devront être réduites au même dénominateur. Ex: au lieu de ♪ ♪ ♪, on aura ♪ ♪ ♪

DES SIGNES QUI AFFECTENT LE SON DES NOTES.

Le *Dièze*, le *Bémol* et le *Bécarre* du système usuel sont remplacés par les lettres *h, b, n*, que l'on placé également devant la note et que l'on nomme hausser, baisser, naturel.

Le double *Dièze* le double *Bémol* sont exprimés par *hh* et *bb* que l'on nomme *double hausser, double baisser.*

MESURES ET LEURS SIGNES.

Nous distinguons deux genres de Mesures:

1° Les mesures binaires, celles dans lesquelles les éléments rhythmiques sont binaires, comme deux notes $\frac{1}{2}$ pour un temps, ou des équivalents en multiples ou en sous-multiples. Telles sont les mesures $\frac{8}{2}, \frac{6}{2}, \frac{4}{2}$ correspondant aux mesures 4, 3, 2 ou $\frac{2}{4}$ du système usuel.

2° Les mesures ternaires, celles dans lesquelles les éléments rhythmiques sont ternaires comme trois notes 1 pour un temps, ou des équi

valeurs en multiples ou en sous—multiples. Telles sont les mesures
$\frac{12}{3}, \frac{9}{3}, \frac{6}{3}$, correspondant aux mesures $\frac{12}{8}, \frac{9}{8}, \frac{6}{8}$ du système usuel.

Les signes fractionnaires des mesures indiquent deux choses :

1° L'espèce de mesure que l'on trouve en divisant le numéra-teur par le dénominateur ; ou, ce qui revient au même, pour les mesures binaires, en prenant la moitié du numérateur, et pour les mesures ternaires, en en prenant le tiers.

Ainsi $\frac{8}{2}$ et $\frac{12}{3}$ indiquent la mesure à 4 temps.

2° Le numérateur indique, pour chaque mesure, le nombre de notes qu'il faut de la valeur indiquée par le dénominateur.

Ainsi dans le signe de mesure $\frac{9}{3}$, le numérateur 9 montre qu'il faut neuf notes marquées $\frac{1}{3}$ pour composer une mesure à trois temps.

CLEFS.

Les clefs de Sol, de Fa et de Do ou d'Ut, sont représentées par les initiales de leurs noms en gros caractères. Ainsi S, sera la clef de Sol, F la clef de Fa, D la clef de Do ou d'Ut, comme on dit communément.

Pour l'intelligence de tout ce qui précède, voici une série d'exemples écrits dans les deux notations.

PARTANT POUR LA SYRIE
Andante.
1.
GOD SAVE THE KING (Air national Anglais)
Andantino.
2.

PARTANT POUR LA SYRIE.
Andante
1.
GOD SAVE THE KING. (Air national Anglais)
Andantino.
2.

DIGA JANNETTO.

DIGA JANNETTO.
Allegro.
3.
AIR DE LA ROMANCE D'ALADIN.
4.

O FONTENAI QU'EMBELLISSENT LES ROSES
Andante.
BON VOYAGE CHER DUMOLET.
Allegro
6
FIN.

Ô FONTENAI QU'EMBELLISSENT LES ROSES.

Andante.

BON VOYAGE CHER DUMOLET.

DEDANS MON PETIT REDUIT
And.te
PIANO.
FIN.

DEDANS MON PETIT REDUIT.
And^te
PIANO.
FIN

14

FRAGMENT DE LA SYMPHONIE HEROIQUE
DE L. VAN BEETOVEN.

Allo molto.

FLAUTI.

OBOI.

CLARINETTI
in Sib.

1e. 2e.
CORNI Sib.

3e.
CORNI Sib.

TROMBE
in Mib.

FAGOTTI.

TIMPANI
in Mib.

1er VIOLON.

2e VIOLON.

ALTO.

V.lle CONCERTO
e BASSO.

Dol

Dol

p

Unis

Pizzi

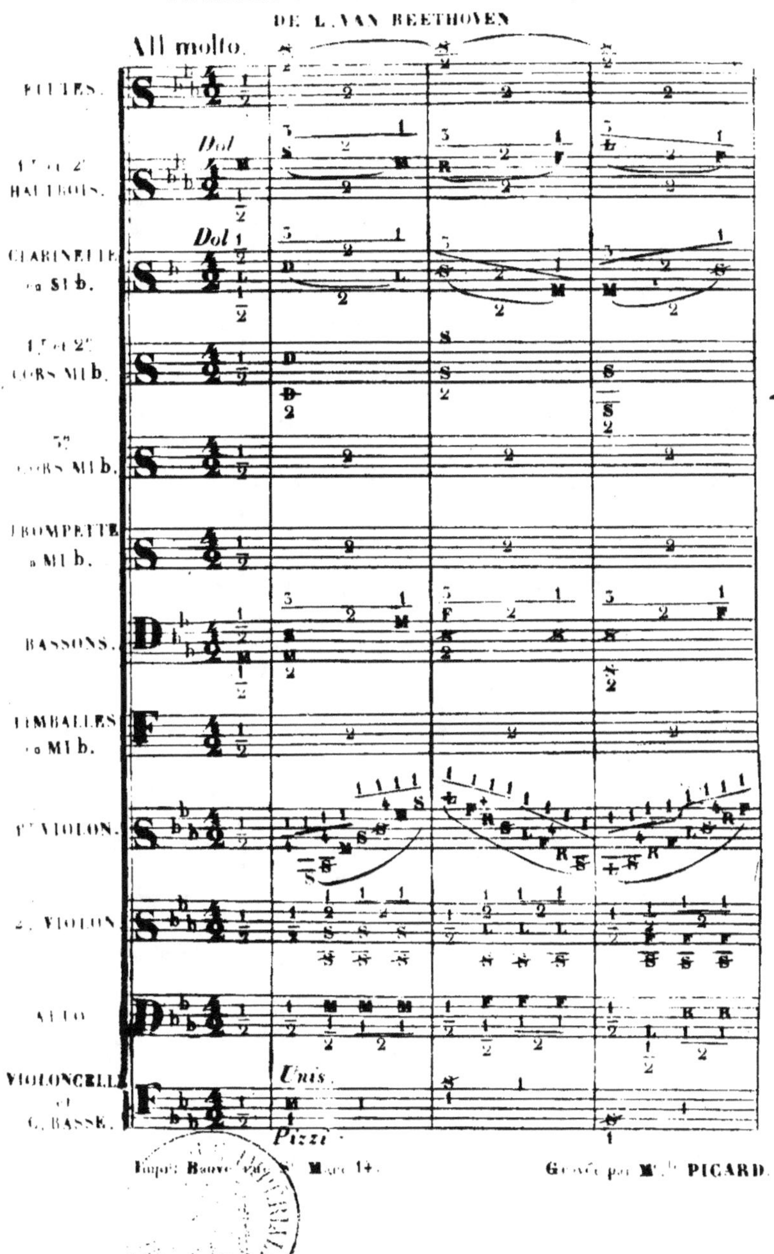

FRAGMENT DE LA SYMPHONIE HEROIQUE
DE L. VAN BEETHOVEN
All molto.
FLUTES.
1re et 2e HAUTBOIS.
CLARINETTE en SI b.
1re et 2e CORS MI b.
3e CORS MI b.
TROMPETTE en MI b.
BASSONS.
TIMBALLES en MI b.
1er VIOLON.
2e VIOLON.
ALTO.
VIOLONCELLE et C. BASSE.
Dol
Unis.
Pizz.
Impr: Bauve   Gravé par Mlle PICARD.

www.ingramcontent.com/pod-product-compliance
Lightning Source LLC
LaVergne TN
LVHW011017180726
843502LV00007B/2589